12
K 561

ORIGINE
DES MALHEURS
DE SAINT-DOMINGUE,
DÉVELOPPEMENT
DU SYSTÊME COLONIAL,
ET
MOYENS DE RESTAURATION.

> Pour arrêter un homme, il ne faut qu'un autre homme; pour arrêter une erreur, il faut des armées entières, et souvent encore ne suffisent-elles pas.

A BORDEAUX,

DE L'IMPRIMERIE DE DUBOIS ET COUDERT,
Rue Porte-Dijeaux, n.° 7.

AN XIII.

A L'EMPEREUR.

SIRE,

Sur la plus riche possession de l'Empire, aux dépens de l'État, aux dépens du Commerce, aux dépens de quarante mille familles Françaises, l'erreur triompha trop long-temps de la vérité malheureuse.

La situation de Saint-Domingue, SIRE, réclame un coup-d'œil de Votre Majesté. Daignez jeter un regard favorable sur la cause de cette portion du peuple Français, qui a le plus souffert pendant la révolution.

Les Colons voyent, dans votre avénement au Trône, le terme de leurs malheurs, et s'il n'était pas de leur devoir, en invoquant votre justice, d'éclairer votre religion..... ils n'auraient aujourd'hui, qu'un mot à dire : c'est que les ennemis des Colonies, SIRE, ne peuvent être que les ennemis de Votre Majesté.

J'ai l'honneur d'être, avec le plus profond respect,

SIRE,

DE VOTRE MAJESTÉ,

Le très-humble et très-obéissant serviteur, et sujet

CHOTARD AINÉ,
Propriétaire, de Saint-Domingue.

ORIGINE
DES MALHEURS
DE
SAINT-DOMINGUE,
Et développement du systême Colonial.

Quelle cause que celle de Saint-Domingue!... Partagée entre deux grandes puissances,...... livrée à l'aveuglement de l'une, à l'ambition et à la perfidie de l'autre;... cette cause, depuis quatorze ans, immolée à l'avarice et aux passions des hommes,......: doit-elle être abandonnée parce que ses ennemis triomphent?...... Non........ Malheureusement trop célèbre, cette cause ne saurait être perdue sans ressources...... Les Colons de Saint-Domingue, au comble de l'infortune, et pour l'intérêt de leur patrie,.... en appellent au génie, à la sensibilité et à la justice de Sa Majesté l'Empereur des Français,...... aux lumières du nouveau gouvernement de l'empire......

L'intérêt de la France, et de toutes ses colonies; celui de sa marine et de son commerce; l'existence de plus de 80 mille familles étaient attachés au sort de cette île. Des brigands blancs et des noirs se sont illustrés, en y détruisant, en un instant, l'ouvrage de deux siècles, le plus beau monument de la richesse et de l'industrie française...... Et il ne s'est pas trouvé, près du gouvernement, un homme en crédit, qui ait osé s'immortaliser en prenant sa défense!..... La postérité, sans doute, cherchera la raison de cette fatalité.

O France!..... O patrie de tant de victimes de tout âge et de tout sexe!..... Quand ton sang coule loin de toi, il t'est donc étranger? on peut donc le répandre sans craindre ta vengeance?..... Des êtres, pour lesquels tu as cru pouvoir impunément changer l'ordre de la nature,..... méconnaître les lois de la plus sage politique;..... des êtres, qui n'ont rien de toi, et dont on devait, en ton nom, finir par faire des tigres..... Voilà donc aujourd'hui les maîtres de ta plus belle possession, sur les cadavres de cent mille français, sur les corps ensanglantés de femmes enceintes ....., d'enfans arrachés au berceau,..... de nos pères,... de nos mères,... de nos sœurs,.... de nos frères,... de nos amis.... Voilà ce que tes ennemis voulaient.... Ce grand crime politique est consommé;... Saint-Domingue devait périr!... Son sort est rempli!... Il est affreux!!!........

Cependant ses malheurs passeront-ils à la postérité, sous le voile dont l'imposture les a enveloppés aux yeux de la France elle-même? Les Colons souffriront-ils que leurs enfans, livrés malgré eux à la misère,.... que les générations qui vont se succéder, leur reprochent un jour d'avoir lâchement trahi leur pays; leur imputent à *tous* le crime de la conspiration la plus atroce, la plus insensée.... La mémoire des premiers représentans de cette île restera-t-elle flétrie, quand la plus cruelle expérience dépose en leur faveur,... justifie leurs principes, et n'accuse que leur trop grande confiance dans la cause de leurs constituans?... La vérité est un dépôt que chaque siècle doit transmettre à celui qui le remplace. Il ne faut donc pas que les Colons, qui ont le mieux raisonné les intérêts de leur patrie, emportent au tombeau le soupçon de l'avoir trahie.... Il ne faut pas que l'intrigue, qui prépara la perte de Saint-Domingue, poursuive ses victimes au delà des limites ensanglantées que la vengeance et la jalousie lui avaient tracées.

L'Angleterre avait à venger, sur la France, l'indépendance des États-Unis d'Amérique..... Et qui ne la reconnaîtrait pas aux coups qu'elle n'a cessé de nous porter dans les deux mondes?.... Cette *haine* qui semblait plus particulièrement vouée à la plus riche de nos colonies,......, *serait une monstruosité politique, si elle était née en France.* La persécution que les Colons de Saint-Domingue ont éprouvée jusqu'au dernier moment,......, l'opiniâtreté qu'on a mis à ne pas vouloir les entendre;...... tout n'indique-t-il pas assez que cette *haine* aveugle fut l'ouvrage,...... fut l'enfant d'un ennemi?.....

A-t-on oublié, qu'en 1790, à Paris, tandis qu'un forcené s'écriait, d'un côté, *Périssent les Colonies plutôt qu'un principe*,..... un sage disait, de l'autre, *Prenez-y garde, Français, les ennemis de la France pourraient bien se venger de la nation par la nation même*. Le sage, confondu dans la foule, fut à peine connu,.... l'autre finit par faire verser des torrens de sang dans son pays.

Le Colon qui a pénétré la source de ses malheurs, les causes de la dévastation de Saint-Domingue, peut-il jeter les yeux sur la France, sans que son cœur ulcéré ne se partage aussitôt entre la douleur et l'indignation?...... Couvert de son sang, entouré des cadavres de ses parens, de ses amis, le Colon songeait à sa patrie,...... et c'est d'elle que lui venaient tous ses malheurs!..... Combien cette idée est accablante!....
Non, sans doute, on n'a pas assez senti, en France, ce que la position des Colonies a souvent comporté de

cruel, de terrible,..... et on voudrait que les Colons ne se fussent pas divisés!..... Les habitans de Saint-Domingue sont des hommes,..... et on oublia trop qu'ils étaient Français!..... La loyauté, la franchise et la fidélité formaient la base de leur caractère..... Comment les a-t-on peint lorsqu'on a voulu perdre les colonies?..... comment les a-t-on représentés à leurs propres esclaves?..... Parmi les Colons, je le sais, il en est qui ont des reproches graves à se faire :..... tous les hommes ne savent pas résister à la séduction,....., tous ne sont pas à l'abri de l'erreur,..... tous n'ont pas le courage de supporter l'injustice et la persécution ;....., mais ceux qui les ont long-temps accusés, ceux qui les accusent peut-être encore, souffriraient-ils eux-mêmes l'examen de leur conduite politique?.....

La destruction de Saint-Domingue offre désormais aux Colons une nouvelle carrière à parcourir, à la France de grandes injustices à réparer, les espérances du commerce à rétablir, des esclaves à soumettre ou à détruire, une puissance, honteusement jalouse, à châtier ;.... enfin Sa Majesté Impériale n'aura pas vainement manifesté sa sollicitude en faveur d'un pays, qui ne fut malheureux que parce que l'Angleterre y a toujours vu les principales ressources du commerce et de la marine de l'empire Français.

En rejettant sur nos malheurs communs les reproches que plusieurs Colons auraient à se faire, je ne prétends pas consacrer les erreurs dans lesquelles ils se sont laissés entraîner. Parmi ces erreurs, il y en a eu qui tenaient de la *démence*, effet malheureux d'opinions fermentées par le désespoir :..... ce genre d'erreurs finit toujours par faire extravaguer l'homme ardent, qui s'interdit toute réflexion.

J'entends, tous les jours, des Colons discourir sur les causes de leurs malheurs ; mais, en vérité, le seul objet sur lequel ils soient tous d'accord, et qui n'est que trop réel, c'est qu'ils ont horriblement souffert.

Convaincu de l'importance des colonies, pénétré de l'étendue des maux de Saint-Domingue, j'oserai sonder le précipice près duquel cette île infortunée a long-temps langui, pour y être enfin engloutie à travers des flots de sang.

J'abandonne à l'histoire le récit de ces massacres, le fardeau de toutes ces horreurs, qu'on a déploré un instant et dont on détourna les yeux, pour être dispensé d'en rechercher les auteurs. Je veux instruire, s'il m'est possible, et non pas faire gémir sur des évènemens qui doivent faiblement toucher ceux qui n'y ont point d'intérêt, ou qui n'en ont pas été les témoins. C'est de l'attention et non pas des larmes que je demande.... ce ne sont pas non plus des coupables que je cherche. Je vais tâcher de rétablir des principes méchamment et trop long-temps défigurés par l'intrigue; je ne négligerai rien pour y parvenir.

On n'a pas assez senti que saper les bases du régime intérieur de nos colonies, c'était miner les fondemens de la prospérité et de la puissance maritime de l'empire Français.

Les maux de Saint-Domingue ressemblent à ces maladies traitées au hasard, dont le médecin ne reconnaît la cause qu'à l'ouverture du cadavre. Cette colonie est momentanément perdue pour la France ; mais quel que soit le phantôme de pouvoir qui y remplace notre gouvernement, le cadavre nous reste, ... il faut l'ouvrir.

Habitans malheureux de la plus riche colonie du monde, ..., vos ennemis seuls vous ont divisés.... Il leur fallait un prétexte et des moyens pour vous perdre,... on a voulu se servir de vous-même pour anéantir votre propre ouvrage;... une seule erreur,... *l'erreur d'un instant* a suffi. Rappelez vous que du moment où quelques hommes séduits par des gens en place, osèrent, en 1790, au sein de la colonie même, accuser la grande majorité de ses habitans,... la perte de Saint-Domingue fut décidée. Rappelez vous que les accusateurs et les accusés furent confondus dans le rapport que quelques uns de vous provoquèrent; et qu'un jeune législateur vous répondit *à tous*, que *vous n'aviez pas assez de lumières pour faire votre constitution.*

L'infortuné *Barnave*, à qui on avait insinué cette opinion, y a cru, quoiqu'il ne connût pas les colonies, ou plutôt *parce qu'il* ne les connaissait pas. Cette première erreur, présentée à l'assemblée constituante dans un rapport qui ne devait pas être discuté *et qui ne le fut point*, cette erreur, dis-je, a été accueillie sans examen, s'est propagée et existe encore.

Cependant la splendeur de Saint-Domingue ne saurait avoir été l'ouvrage d'une population ignorante, sans industrie, et privée de toute espèce de génie; une continuité de succès, malgré les fléaux dont ce pays est fréquemment accablé; la supériorité que ses établissemens et ses cultures avaient obtenus sur toutes les autres colonies; l'ordre et la paix intérieure dont ses habitans jouissaient, n'étaient pas dûs à la seule action du gouvernement. Pour celui qui connaît ces contrées, ces avantages indiquaient encore une intelligence d'exécution dans les moyens, de conservation et d'agrandissement, qui indiquaient en même temps, dans la partie la plus instruite de cette population, une connaissance profonde de la magie de son existence, des notions exactes sur ses rapports avec la métropole.

Quelqu'ignorance que l'on suppose aux habitans d'un pays qu'on ne connaît pas, c'est mépriser l'expérience que de ne pas vouloir les entendre. On a refusé aux Colons ce sens commun, cet instinct qu'on accorde aux nations les plus sauvages... Eh! ne sait-on pas que le génie quelquefois s'instruit même avec l'ignorance!... c'est du choc, dit-on, que nait la lumière : malgré le choc continuel des opinions sur les colonies, qu'a-t-on obtenu? Rien. Pourquoi? Il est question de *lumières*, et ce sont des *aveugles* que l'on a sans cesse consultés.

On a beaucoup écrit sur les colonies.... On a mutilé leur régime intérieur, empoisonné et successivement détruit leur existence politique.... On a fait, pendant deux ans en France, beaucoup de lois, d'arrêtés et de rapports sur leur constitution; tandis que l'ancien système, perfectionné par deux siècles d'expérience (1), assurait leur tranquilité, et ne laissait plus de bornes à la prospérité commerciale de la métropole.

Je ne suis point partisan des assemblées nombreuses; je sais avec quelle facilité une absurdité ou une extravagance, appuyée par de grands mots, par de belles phrases, y séduisent souvent la majorité; mais dans la position où s'est trouvé Saint-Domingue, la représentation générale de cette colonie ne pouvait être supléée que par un gouvernement sage, éclairé et dévoué à ses intérêts, autant qu'à ceux de la France; alors, je le demande, où aurait-on trouvé un pareil gouvernement? *.... dévoué aux intérêts de la colonie autant qu'à ceux de la France;* je le répète, où aurait-on trouvé un pareil gouvernement?..... Enfin, pour résoudre,

---

(1) Le régime de 1789.

autant qu'il m'est possible, les objections que j'ai entendu faire à cet égard, si toutes les assemblées, même les moins nombreuses, ne convenaient pas dans les colonies? Qu'a-t-on gagné, à Saint-Domingue, avec les autorités qu'on leur a substituées?... *Des maux, il faut savoir choisir les moindres.* On nous dit que l'île de France s'est sauvée du cahos;..... et on oublie que l'île de France avait une assemblée coloniale, sans laquelle elle était perdue, comme les Antilles.... Une partie de l'île de France, il est vrai, n'a pas méconnu les intentions de ses propres représentans;.... disons, ou, plutôt, ajoutons encore à toutes ces vérités, que l'île de France n'a pas vu déchaînée contr'elle, cette foule d'ennemis, qu'un pouvoir *étranger* ameutait contre la plus florissante de nos colonies, contre la plus peuplée, contre celle où il devait trouver le plus de moyens de *fermentation* et de *destruction*.

Au reste, que dirions-nous d'un juge qui, sans s'informer de l'état de la cause qu'on lui présenterait, ne demanderait des renseignemens, vrais ou faux, que sur la personne.....

Telle est absolument la conduite qu'on a tenue à l'égard des premiers représentans de Saint-Domingue..... Quant à moi, qui ai le bonheur d'avoir une manière toute différente de juger, j'ai reconnu dans leurs principes, dans leurs actes, l'intention et les moyens de sauver la colonie; et, d'après la persécution qu'ils ont éprouvée, comme représentans et comme propriétaires, d'après le résultat des événemens de Saint-Domingue, je mentirais à la vérité et à ma conscience, si, convaincu comme tout colon a pu l'être, de la nature des intentions et des actes de l'ancien gouvernement, de son principal ennemi, j'accusais les intentions et les actes de l'assemblée de Saint-Marc.... Les hommes ne sont rien pour moi ; à peine j'en connaissais trois ou quatre sur deux cents : c'est la colonie seule que je considérais.... D'ailleurs, qu'on lise son arrêté ou décret du 28 Mai 1790 ; c'est sur cet acte qu'il fallait la juger.... J'ai vu beaucoup de gens qui l'ont condamnée, et m'ont assuré, *tout bonnement*, n'avoir jamais lu aucun de ses actes.... ô Justice, à quoi sert ton nom sur la terre !.....

« L'assemblée nationnale, disait elle dans cet arrêté, » ne saurait décréter *les lois concernant le régime in-* » *térieur de Saint-Domingue*, sans renverser les prin- » cipes qu'elle a consacré par ses premiers décrets, et » notamment par la déclaration des droits de l'homme. »

Elle demandait encore que « *ces mêmes lois*, faites » dans la colonie, ne fussent soumises qu'à la sanction » du souverain, parce qu'à lui seul appartenait cette » prérogative inhérente au trône. »

Je ne m'appesantirai pas sur les maux qui sont résultés de l'absence de ces deux principes. Comment y a-t-on répondu ? Le voici. *L'assemblée nationale*, s'est-on écrié, *ne discuterait pas, ne ferait pas nos lois intérieures ; nous ne serions donc plus Français ?*...

Hé bien ! les législatures Françaises ont *discuté*, ont *fait nos lois*. Sans parler de l'influence inévitable des factions, on peut dire qu'il n'était pas naturel que ces législatures *renversassent les principes qu'elles avaient consacrés*.... C'était sans doute un grand malheur pour les colonies ; ... mais c'eut été une inconséquence pour des législateurs. Les faire délibérer sur ces lois c'était donc chercher à surprendre leur jugement, leur raison, ou compromettre le salut des colonies .... Devait-on s'attendre qu'une pareille erreur serait sortie de la province de Saint-Domingue, que l'on regardait comme la plus éclairée ?....

Je ne pousserai pas plus loin ce parallèle, et je garderai même le silence sur les autres moyens qui militeraient encore en faveur de l'assemblée de Saint-Marc : enfin, quand je n'aurais pas profondément médité la justesse de ses principes, il me suffirait de considérer quels furent ses ennemis les plus prononcés : *les uns ont commencé la destruction de Saint-Domingue, les autres l'ont achevée.* Aujourd'hui que la cause des malheurs de cette colonie a acquis un degré de conviction auquel on ne saurait se refuser, combien de gens fremiraient, combien d'autres rougiraient devant le tableau fidele de l'origine et des suites d'une erreur qui enfanta tant de crimes, au profit des seuls ennemis de la France...

Et quel autre intérêt que celui de la vérité; quel autre motif que la justice pourrait porter aujourd'hui un colon de Saint-Domingue à défendre une assemblée qui n'existe plus depuis quatorze ans. Je l'ai déjà dit, c'est aux principes seuls que je m'attache, ... la France entière fut trompée à cet égard, ... on ne voulait qu'humilier l'assemblée de Saint-Marc, et on a perdu la colonie, qui depuis cette époque n'a fait que décliner et marcher à sa destruction.

Ainsi, Saint-Domingue fut livré, *sans défense*, aux factions qui devaient y porter la division, le désordre et la désolation; ainsi, le système colonial fut anéanti, sacrifié à deux classes étrangères qui n'ont employé ce funeste bienfait qu'au tourment et à la ruine de leurs bienfaiteurs.

Le 12 Octobre 1790, jour de la dissolution de l'assemblée de Saint-Marc, doit être un jour de deuil pour les Colons attachés à la cause de leur pays, à la prospérité de la France. L'infortunée colonie de Saint-Domingue devra long-temps des larmes au souvenir de cet acte de despotisme, qu'on n'a pas assez senti et qui fut un triomphe bien court pour ceux qui l'avaient sollicité.

Les colons étaient donc *tous* destinés à être instrumens ou victimes; chacun a choisi, selon son penchant naturel pour l'erreur ou la vérité, d'après les circonstances dans lesquelles il s'est trouvé, ou qui ont pu maîtriser sa conduite, et ils n'en ont pas moins été *tous* enveloppés dans les mêmes événemens, dans la même proscription.

Dès-lors, la célébrité et la confiance du gouvernement n'environnèrent plus que ceux qui devaient ravager ce malheureux pays, tandis que l'indifférence et la persécution étaient le partage de ses plus zélés défenseurs. Qu'on se rappelle les différentes situations que Saint-Domingue a parcouru depuis 1791, on y reconnaîtra cette série de convulsions, plus ou moins violentes, qui devaient amener le terme de son existence.

On ne réfléchit malheureusement pas assez aux dangers que comportent les divisions d'opinions, sur-tout lorsqu'un *pouvoir étranger* à l'intérêt des partis, est parvenu à se rendre maître des mouvemens de l'un ou de l'autre. La passion, qui se flatte toujours, n'apperçoit jamais que cet étranger doit être indifférent sur le choix et le nombre des victimes, et que, de quelque côté qu'elles tombent, son crédit ne peut qu'augmenter par l'animosité respective qui en résulte. Telle a été sans cesse, pendant la révolution, la position de la France et de ses colonies : combien cette réflexion aurait évité de malheurs, si on avait voulu la faire, et s'y arrêter...

En laissant à l'histoire le détail des évènemens de Saint-Domingue, je dois la garantir des calomnies auxquelles ils ont pu donner lieu. Il en est une qui a été si accréditée en France, que je l'entends encore aujourd'hui dans la bouche de personnes qui n'y ont aucun intérêt, mais chez qui elle doit laisser des idées extrêmement fausses sur des causes que chacun croit avoir devinées.

On a dit, quelque temps après la première révolte des noirs, que c'était les *petits-blancs* qui les avaient révoltés ; une pareille idée n'a pas été répandue sans intention. Je ne cherche ni à plaire aux *petits-blancs*, ni à déplaire aux *grands* ; j'avoue que, témoin des événemens, comme je l'ai été, cet acte de la part des *petits-blancs*, eut été pour moi une énigme difficile à expliquer.

Les événemens des colonies n'ont absolument rien eu de commun avec ce qui s'est passé en France, et on peut dire, au contraire, que *le principe de confusion des classes*, y a été provoqué et protégé par ceux qui furent jadis les plus attachés aux distinctions.

Delà est venu cette complication, qui a si fort embarrassé l'opinion de la France, sur la marche de la révolution de Saint-Domingue. J'ai dit que l'imputation faite aux petits-blancs n'était pas sans intention, j'ajouterai que l'intrigue, qui conduisait cette colonie à sa perte, a dû y trouver l'assurance de ses succès, et voici comment :

L'ennemi, qui avait combiné les désastres de Saint-Domingue, savait bien que ces petits-blancs y formaient une classe précieuse ;... que c'était elle qui préparait toutes les jouissances des grands planteurs : ceci ne demande point d'explication. Cet ennemi savait que le riche habitant, livré à la mollesse et au plaisir ; que son existence, enfin, source de la richesse du commerce, ne serait jamais un obstacle bien redoutable ; qu'on pouvait, dans le principe, le ménager impunément;...... mais que les économes, les ouvriers de tout genre, étant tous des hommes habitués à la fatigue, la plupart anciens militaires, braves et adroits, jouissant d'ailleurs de quelques propriétés, devenaient, par cela seul, *la force qu'il fallait attaquer la première* : aussi a-t-on vu, dans les insurrections partielles des mulâtres, et lors de la révolte générale des noirs, que les victimes furent principalement des gérans, des économes, des ouvriers, etc.; et que si quelque riche habitant fut massacré à ces époques, ce fut par erreur, ou parce qu'il n'était pas l'ami de l'ancien gouvernement.

Ce n'est qu'au moment de la révolution qu'on a entendu parler de *petits-blancs* : que pouvait-on espérer d'une innovation aussi dangereuse, dans un pays où l'on ne doit voir que le blanc et le noir, que l'esclave et le maître ? ainsi le veut et le voudra toujours la politique, qui, statuant sur le régime des colonies, confondit l'intérêt de tous les colons, avec celui de la métropole.

Dans le tourbillon révolutionnaire où se sont trouvés les petits-blancs, ils ne considéraient que la petite fortune, que le peu de nègres, qu'ils avaient gagnés à la sueur de leur front; la politique des cours de l'Europe ne les occupait pas plus que les intrigues intérieures de la France; ils ne s'inquiettaient pas plus des députés de la colonie aux Etats-Généraux, que des prétentions de l'Assemblée provinciale du Nord de Saint-Domingue : ils ne voyaient, ils ne connaissaient que la colonie; ils ne voulaient défendre que la colonie.

J'ai connu beaucoup de grands planteurs, d'anciens colons, qui, comme moi, étaient, *à cet égard*, *un peu petits-blancs*.

Convenons donc que ce qu'indique la nature vaut

presque toujours mieux que ce que les réflexions des hommes ne font souvent que défigurer. Nous avions les lumières et la fortune pour nous, et l'instinct de la nature dirigeait ces *petits-blancs* vers la seule conduite qu'il y aurait eu à tenir. Au reste, n'a-t-on pas toujours vu cette classe, au lieu de fuir la proscription, se porter sans cesse la première à la défense de la colonie....,... C'est une justice que l'on doit rendre au moins au grand nombre de victimes qu'elle a fournies avec un dévoûment qu'on ne peut méconnoître sans ingratitude.

Je ne jetterai pas davantage les yeux sur le passé ; je pourrais encore en extraire bien des connoissances utiles; mais comme je ne cherche que l'indispensable, je ne me servirai désormais du souvenir de tant de maux, que pour garantir l'avenir de l'influence que pourrait conserver le passé. Figurons-nous avoir fait, dans les bras d'un ennemi, un rêve affreux, dont les erreurs ont déjà tranché le tiers de nos jours : puissions-nous ne plus rêver ainsi ! puissions nous mieux connaître désormais les véritables intérêts d'une colonie que l'on regrette trop tard, et que l'on ne desire tant aujourd'hui, que parce qu'on l'a perdue !...

Dans la marche que je me suis tracée, mon intention est de ne poursuivre que ce qui aurait attaqué ou attaquerait le système colonial et les intérêts de la France. Je vais tâcher de développer ce système, de manière à ne laisser à la malveillance aucune interprétation dont elle puisse abuser.

Dans un sujet aussi délicat, aussi important sous les rapports de l'humanité et de l'intérêt national, on ne transige ni avec la vérité, ni avec les principes. J'ai pu, et je pourrai froisser quelques opinions. Si elles sont bien fondées, elles résisteront ; mais si elles se trouvent renversées par l'expérience, par la raison.... ce ne sera plus mon ouvrage ; ce n'est point à moi qu'il faudra s'en prendre.

On ne sent pas assez combien la moindre erreur, en matière coloniale peut occasionner de malheurs ; qu'on réfléchisse à la distance qu'il y aura toujours entre le mal et le remède, et on frémira avant de prononcer sur le sort des colonies.

Personne, peut-être, n'a donné des colonies une définition plus simple, plus vraie et plus claire, que celle de l'abbé Raynal, malgré quelques erreurs qui m'ont toujours paru étrangères à l'esprit général de son Histoire Politique des deux Indes. *Les colonies*, disait-il, *sont des établissemens de choses plutôt que de personnes* : et c'est ainsi que les gouvernemens doivent les considérer. En effet, la nature, *parlant seulement aux yeux* de l'étranger qui y arrive, lui fait assez connaître que la *différence des personnes* est son ouvrage, que leur *état respectif* est tracé par la politique, et que les gouvernemens ne doivent s'y occuper que *des choses*. Mais l'homme d'état, poussant plus loin ses observations, reconnaît bientôt que cet *état des personnes est la seule garantie des métropoles dans leurs colonies*. Il voit que ces établissemens, ainsi constitués, sont des temples élevés à la fortune maritime des puissances qui les possèdent, *que les propriétaires nationaux en sont les piliers, que sur eux seuls repose tout l'édifice*, qui doit s'écrouler si, par ignorance ou par caprice, on leur ôte la place que la politique leur a assignée : enfin, son opinion se trouve confirmée, quand jettant un regard sur le passé, il remarque qu'une seule loi a suffi pendant deux siècles, pour maintenir à Saint-Domingue la tranquillité, la sûreté intérieure, de tous, et y assurer la garantie des droits de la France.

Il faut donc convenir que livrer à des étrangers l'exercice des droits nationaux, sur-tout dans les colonies, c'était contrarier, violer, de la manière la plus absurde, le premier principe de tous les gouvernemens. A cet égard, la plus légère modification serait dangereuse, et le gouvernement actuel est trop sage pour en souffrir un second essai, au mépris de l'expérience.

Le système colonial, je l'ai déjà dit, dans d'autres temps, n'a été si facilement attaqué en France que parce qu'il n'y est pas assez connu : tant il est vrai qu'il est plus aisé d'attaquer que de défendre ce qu'on ne connaît pas.

A la suite de maux, de la nature de ceux de Saint-Domingue, chacun se plaint, chacun accuse à sa manière, d'après les torts qu'il a éprouvés, et le degré d'intérêt qu'il porte à telle ou telle autre branche de l'administration et de la fortune publique. La patrie, l'État, le plus souvent n'y sont pour rien; c'est un malheur commun aux nations les plus policées.

Saint-Domingue présente aujourd'hui des considérations infiniment importantes, puis qu'outre la perte des fortunes particulières, il y va de la sûreté générale et de la garantie de tous les droits de l'État et du commerce; aussi ne s'apperçoit-on pas, dans la situation où s'est trouvé cette colonie, que *c'est moins les hommes que les erreurs qu'il faut accuser.* Pour arrêter, pour se rendre maître d'un homme, il ne faut qu'un autre homme; pour arrêter une erreur, . . . il faut des armées entières, et souvent encore ne suffisent-elles pas. . . .

On crie contre l'armée de Saint-Domingue; . . . on se plaint de ses chefs, . . . on blâme l'administration dévorante, à laquelle cette malheuseuse colonie vient d'être livrée, . . . et on oublie les maux *qu'ont fait,* et que peuvent faire encore le négrophilisme et la mulâtromanie.... On oublie que faute d'avoir connu l'esprit des noirs et des mulâtres révoltés, on a donné, à leur égard, d'une extrémité dans l'autre.

Je ne parlerai pas des Colons propriétaires, des blancs en général; ... il a paru qu'ils étaient comptés pour bien peu de chose dans le résultat qu'on se promettait de l'expédition, malgré les intentions du gouvernement Français en leur faveur.

Des hommes qui se disaient philantropes, et n'étaient que des *négrophiles*, cabalèrent dans les commencemens de la révolution contre les colonies : le triomphe qu'ils ont obtenu sur de malheureux Colons, qu'on ne voulait pas entendre, ... ce triomphe coûte bien cher à la France!...

Le *négrophilisme*, tel qu'il s'est montré, *comme affection exclusive, considéré dans ses effets,* est donc une monstruosité politique, dont l'Amérique et l'Europe doivent se garantir. D'après la conduite de tous les Français qui, dans la métropole ou dans les colonies ont professé cette doctrine de sang, cette affection est une *lâcheté*, qui n'a encore été utile qu'aux ennemis de la France.

D'après les premières scènes, et sur-tout le dénouement de la sanglante tragédie dont Saint-Domingue a été le théâtre pendant douze années consécutives, le négrophilisme n'est qu'une invention infernale, qu'un moyen de destruction, dont les factions se sont servis pour favoriser, par le bouleversement de nos colonies, l'élévation rapide de la puissance et de la marine Anglaise.

Qu'on ne nous dise pas que *c'est juger après les évènemens*; qu'on lise toutes les réclamations des Colons de Saint-Domingue, depuis 1790, outre leur opposition aux efforts du négrophilisme, on y verra s'ils étaient disposés à faire passer le sceptre de la mer au pouvoir de la Grande-Bretagne.

Je ne prétends justifier, ni l'armée ni ses chefs, ni les membres de l'administration qui pourraient être inculpés : je ne veux ni les défendre, ni les accuser, quoique le sort de Saint-Domingue présente assurément plus d'un coupable ; mais ce n'est pas mon affaire, un plus haut intérêt m'occupe : je me permettrai seulement, à cet égard, une réflexion qui est de mon sujet.

Les officiers de l'armée de Saint-Domingue se plaignent très-amèrement du murmure général qui s'élève contre eux... Ce murmure sans doute, n'est pas plus juste que celui qui, pendant la révolution dirigée contre les habitans de cette colonie, a amené sa perte, malgré les derniers efforts du gouvernement Français.... Ici, chacun doit trouver la preuve de l'injustice de ces *jugemens en masse*, de ces fléaux dont les gouvernemens ne sauraient trop se garantir.... Il est donc vrai que l'injustice, qui porte sur les autres, nous touche à peine ; tandis que nous jettons les hauts-cris contre celle qui nous atteint.

L'armée de Saint-Domingue, en arrivant dans cette colonie, n'était pas exempte de prévention contre les Colons de cette île ;.... cependant, avec raison, elle récapitule à présent tout ce qu'elle y a souffert pendant deux ans.... Mais si les Colons, de leur côté, lui présentaient le tableau de douze années d'incendies, de massacres, de persécutions, d'injustices et de malédictions :.... que répondrait-elle ?.... L'armée elle-même frémit des derniers événemens de Saint-Domingue, parce qu'elle peut, aujourd'hui, se faire une idée des horreurs qui ont dû les accompagner.... Hé bien ! qu'elle sache donc que ces derniers événemens ne sont que la répétition générale de ce que les Colons ont souffert depuis le 23 Août 1791.

J'ai dit, et je répète, que le négrophilisme est une *lâcheté*, qui n'a encore été utile qu'aux ennemis de la France : si cette opinion éprouvait le moindre doute, je pourrais inviter les incrédules à examiner de quelle époque date la puissance colossale que l'Angleterre nous présente aujourd'hui ; .... comment elle s'est emparé, presque sans vaisseaux, de tout le commerce de l'Amérique et des plus riches possessions de l'Inde. Je pourrais leur prouver que la Jamaïque connaissait à peine la culture du café, lorsque l'émigration de nos colonies désolées, fit passer, dans les îles Anglaises et Espagnoles, la plus grande partie de nos meilleurs cultivateurs blancs; que des propriétaires français, par l'expropriation, dont on s'est fait un jeu, ont été obligés de porter leurs talens et leur industrie chez l'étranger, etc., etc., etc. Je leur prouverais encore que la balance du commerce de l'Europe, portée autrefois par la circulation de nos denrées coloniales, au moins à 75 millions de bénéfice en faveur de la France, était déjà, avant la guerre actuelle, de 120 millions au profit de l'Angleterre.... etc., etc.

C'est ainsi que le *négrophilisme* n'a été utile qu'aux ennemis de la France..... Mais c'est sur des principes que je veux encore appuyer cette opinion, et c'est avec J. J. Rousseau que je répéterai : *le négrophilisme était une lâcheté.*

« Il y a, dit cet écrivain philosophe autant que politique,
» (*Contrat social*, chap. 15), il y a telle position malheureuse, où l'on ne sauroit conserver sa liberté qu'aux
» dépens de celle d'autrui, où le citoyen ne peut être
» parfaitement libre qu'autant que l'esclave est parfaitement esclave..... Telle était la position de Sparte.....

» Pour vous, peuples modernes, ajoute-t-il, *vous n'avez*
» *plus d'esclaves mais vous l'êtes, vous payez leur liberté*
» *de la vôtre;* et vous avez beau vanter cette préférence,
» *j'y trouve, moi, plus de lâcheté que d'humanité* ».

Négrophiles, vous l'avez entendu..... Trouvez-nous dans les ouvrages de tous les politiques, de tous les philosophes une opinion plus claire, et en même-temps plus applicable à la situation, à laquelle vous avez réduit la plus florissante colonie du monde...... St.-Domingue livré tout entier à des brigands, présente donc, suivant J. J. Rousseau lui-même, un spectacle moins affreux que celui d'une partie de la nation française avilie sous le despotisme d'un esclave affricain.....!

Convaincu de l'influence continuelle de l'Angleterre, et des suites inévitables des premiers désastres de cette colonie, je disais, en Germinal an 5, dans un journal qui fut proscrit au 18 Fructidor suivant : « La persécu-
» tion qu'on exerce contre les colons de Saint-Domingue,
» est une tache, qui s'étend *dans l'obscurité* sur l'hon-
» neur et la gloire de la nation Française, et on ne
» s'appercevra de cette tache, que quand l'Angleterre
» nous aura ôté tous les moyens de l'effacer. »

On ne doit pas me savoir plus gré d'avoir publié cette importante vérité, lorsqu'elle pouvait encore être utile, que toutes celles qui m'occupent dans ce moment.... Ma famille, mes biens, m'attachent à la plus infortunée colonie... Et je n'oublie pas facilement que je suis né Français.

C'est donc avec la même raison que je pourrais dire aujourd'hui, les Colons blancs de Saint-Domingue n'ont jamais été *légalement* entendus sur la législation, l'administration, et sur-tout sur la pacification de leur pays, et on est étonné que l'esclave, qui y commande en tyran, soit l'ami des ennemis de la France!....

Pour guérir un mal quelconque il faut en connaître la cause, sur-tout lorsqu'elle est entretenue par des *obstacles* qu'on ne saurait vaincre sans en avoir distingué la *nature et l'origine*. On a voulu rétablir l'ordre et la paix à Saint-Domingue.... Il fallait savoir sur quelle loi avait reposé cette paix, sur quelles autres était établi cet ordre;... si on peut leur en substituer d'autres; il fallait savoir comment ces lois ont été détruites, les instrumens dont on s'est servi, les moyens qu'on a employés; il fallait enfin éviter toutes ces assimilations qui ont fait tant de mal à un pays, qui n'a rien de semblable à la France.

La loi sur laquelle reposait la paix des colonies, était leur régime intérieur : cette magie, imaginée par la politique, secondée par la nature, et justifiée par l'expérience. Aujourd'hui le rétablissement de cette loi est digne de la sollicitude de Sa Majesté Impériale.... En signalant ainsi sa justice dans le nouveau monde, elle vengera l'empire français d'une *coalition anglo-africaine, dont les suites pourraient être funestes autant à l'Amérique continentale qu'à l'Europe entière.*

Enfin, cette loi était un dépôt sacré, confié à la garde des gouverneurs-généraux, qui n'avaient pas le droit d'y toucher; et on aura reconnu, trop tard, l'impossibilité d'y rien substituer.

Toute nation qui possède des colonies, y a besoin d'une garantie, tant pour le maintien de sa puissance que pour la sûreté de son commerce. Dans un pays purement agricole, le bruit des armes, le trop grand appareil de la force militaire, effraie le cultivateur et gêne le commerce. Cette vérité est trop connue pour qu'il soit nécessaire de la développer. L'on doit sentir que je ne place ici Saint-Domingue que dans l'état de paix, auquel on doit s'attendre lorsqu'on aura voulu sérieusement en faire la conquête dans l'intérêt de la France. Ce n'est donc pas dans la force militaire qu'il faut chercher *cette garantie* inconnue, invisible, aux trois quarts de ceux qui en jouissaient, sans se douter eux-mêmes du secret de leur existence.

La garantie de la France dans ses colonies est, et sera toujours, dans leur régime intérieur. Ce régime est fondé sur trois bases, qui, quoique distinguées par la nature, sont si étroitement liées par la politique, que la moindre altération dans l'une, doit les ébranler toutes à la fois comme on l'a déjà vu, et compromettre non seulement l'existence des colonies, mais encore les plus grands intérêts de la France.

« Il y a, dit J. J. Rousseau, telle position malheureuse, » où l'on ne peut conserver sa liberté qu'aux dépens de » celle d'autrui ». La nature des cultures, et le climat, avaient rendu l'esclavage indispensable dans les colonies; aujourd'hui la sûreté du gouvernement, celle des habitans, la possession même du territoire exigent plus que jamais la plus grande considération pour la classe blanche, la protection la plus particulière, et le plus grand respect pour les droits et les propriétés d'une classe qui a tant souffert, et qui seule peut réparer tous les maux qu'on lui a fait.

On doit être enfin convaincu par l'expérience, que *le blanc* ou l'européen ne saurait être *parfaitement libre* dans les colonies, qu'*autant que l'esclave* y sera *parfaitement esclave*.

La garantie de la France y est donc dans l'entière, dans

la *parfaite liberté des blancs*, dans la protection spéciale que leur doit la métropole.

La garantie de la liberté des blancs est dans *l'esclavage des noirs :*

Enfin, la garantie de l'esclavage des noirs est dans *le régime intérieur des colonies*, dont la nouvelle sanction, pour être à l'abri de toute discussion dangereuse, et comme prérogative aujourd'hui inhérente au trône, n'appartient qu'au souverain.

Par ce système, dans lequel les parlemens, et même les cours souveraines établies sur les lieux, n'avaient pas autrefois le droit de s'immiscer, il est évident que la confiance du gouvernement, autant que l'intérêt des colons blancs, en établissant entr'eux et lui une garantie réciproque par la protection que recevaient les colons, rendait ces derniers les *gardiens naturels* des droits de l'état et des intérêts du commerce national; il est donc également évident que neutraliser leur existence politique, comme on l'a fait, c'était livrer aux hasards des événemens ces mêmes droits et intérêts, qu'on ne peut défendre avec succès, *même sur les lieux*, sans une connaissance exacte des localités, des mœurs et des habitudes des différentes populations du pays.

J'ai dit qu'on oubliait trop souvent les maux qu'a fait la mulâtromanie. *Cette affection, accompagnée de résultats politiques, devenait attentatoire au système colonial :* cette affection, vraie ou simulée, de la part de ceux qui voulurent la faire passer en loi, donna lieu aux premiers désordres de Saint-Domingue; et l'ancien état des hommes de couleur tient si essentiellement au régime intérieur des colonies, que la commotion qu'elles reçurent de ces premiers désordres, se communiqua jusques dans les fondemens de tout le système.

Cette matière est aujourd'hui de la plus haute importance, et on doit frémir de la foule d'erreurs qu'elle peut encore enfanter.

Les ennemis des colonies ne peuvent plus compter sur les noirs;.... ils faut qu'ils renoncent à leurs protégés;.... ils les ont menés trop loin;.... mais *les mulâtres leur restent*.... J'en dis assez, si l'on veut réfléchir que les prétentions excessives de cette classe n'ont pu être accueillies, non seulement sans violer les lois politiques, mais encore *sans blesser celles de la nature*.

Ici, la nature parle plus haut que la politique.... L'homme de couleur, ou le mulâtre libre, formait une classe intermédiaire entre celle des blancs, où il trouve *son père*, et celle des noirs, où est *sa mère*: lequel eut été le plus injuste, de le placer dans la classe de sa mère, ou de le ranger dans celle de son père? et, d'après les lois de la nature, à qui, de son père ou de sa mère, un fils doit-il le plus?

Telles sont les réflexions,.... les matériaux dont fut formée, sans doute, cette base intéressante du système colonial.

Dans quelle société du monde le fils est-il l'égal du père, *comme fils*? Depuis le trône, aux pieds duquel le fils est le premier sujet de son père, jusques sous l'humble chaumière du laboureur, vit-on jamais le fils prétendre à l'égalité indéfinie avec son père?... Chez les sauvages même, le principe de la supériorité des pères, des vieillards, n'est-il pas consacré comme le salut de toutes les sociétés?

Dans les colonies, la politique n'a fait qu'observer la nature.... et la classe des hommes de couleur libres, si elle n'eut pas pris l'abus de la loi pour la loi même, cette classe, dis-je, était celle qui avait le moins à se plaindre du système colonial.

Il n'est point de classe dans les colonies qui n'ait ses charges, et en approfondissant un peu cette grande question, on reconnaîtra que les prétentions de l'homme de couleur *libre*, comme celles de la vanité, n'étaient fondées que sur les égaremens de son imagination.

On a reproché aux blancs, en général, de ne pas considérer assez leurs enfans naturels de couleur, quoiqu'il y ait eu, au contraire, beaucoup trop de blancs qui ont montré, à leur égard, plus de foiblesse que pour leurs enfans légitimes. Mais il est un reproche plus fondé, plus sensé à faire aux hommes de couleur, et auquel on ne songe guères......... Leur a-t-on jamais demandé pourquoi ils cherchaient tant à s'éloigner de leur mère ?....

En 1791, dans un concordat, sollicité au sein de la colonie même, ou plutôt commandé la torche et le poignard à la main, souffert contre tous les principes de gouvernement, contre le droit de toutes les sociétés, les hommes de couleur libres demandèrent, comme article fondamental, *que tout ce qui était né et naîtrait mulâtre fut libre à l'avenir*, comme si les colonies pouvaient toucher elles-mêmes à leur régime intérieur, sans la participation du souverain qui les protège.

Je n'examinerai pas ce que cette prétention comportait d'attentatoire aux droits d'un genre de propriété qu'ils partageaient avec les blancs.... Je ne chercherai pas non plus à développer l'intrigue *étrangère* à laquelle leur orgueil les soumettait..... Elle est assez connue..... Mais je dirai, qu'enfans dénaturés, ils livrèrent, par l'excès de leurs prétentions, leurs pères et leurs mères aux horreurs d'une révolution, dont ils furent les premiers instrumens, et dont ils étoient incapables de calculer les conséquences.

Leur orgueil a commencé les malheurs de Saint-Domingue; leur orgueil les perdra eux-mêmes, et ils devraient être les premiers à supplier le gouvernement d'enchaîner chez eux, par des lois sages, ce vice qui les tourmente sans cesse : qu'importe le rang,.... qu'importe la classe où l'on est, quand on jouit de l'estime publique, et qu'on est utile à son pays ?....

Hommes de couleur ! qui n'avez point partagé les crimes de vos semblables ; qui avez senti que sous aucun gouvernement du monde, un fils n'a le droit de demander à son père, le poignard à la main, un autre sort que celui que la politique lui a destiné ;.... votre raison vous dira que lorsqu'il s'agit de fixer l'état d'une classe entière, on est obligé de fermer les yeux sur les exceptions que l'on pourrait faire : la politique, qui ne voit qu'en grand, ne saurait s'y arrêter ;..... mais croyez que la bienveillance et l'estime vous attendent, quand il sera permis à vos pères de respirer à l'abri des anciennes lois, qui nous régissaient tous.

Quant à vous, mulâtres orgueilleux, perfides affranchis, qui avez empoisonné les bienfaits de vos pères, par l'abus affreux que vous avez fait de lois surprises à la France, rappelez-vous que vous fûtes toujours aggresseurs,.... que vous avez mille fois outragé la France, et qu'il est un terme à tout.

En examinant, sous tous les rapports, d'où peuvent leur venir tant de prétentions, on cherche en vain une raison supportable pour y céder.

Est-ce comme fils de blancs ? On n'a encore vu, dans ce moyen, qu'un genre d'orgueil, qui leur a fait oublier les premiers devoirs de la nature, lorsqu'elle aurait dû les gulder. . . . Je m'arrête, et c'est pour ne pas faire frémir le lecteur.

Est-ce comme fils de négresses? Sous ce rapport, la classe blanche ne leur doit rien, et la politique s'oppose encore à toute concession politique.

Au reste, le sort de Saint-Domingue, sous la domination des noirs, avec lesquels ils sont aujourd'hui coalisés contre la population française, la situation de cette colonie, par les derniers détails que nous en avons, nous prouve assez que les mulâtres, comme enfans de deux couleurs, y subiront toujours *l'ascendant du pouvoir paternel ou maternel*.

Pour la seconde fois, ils en font l'expérience : d'abord, sous le nègre Toussaint-Louverture; aujourd'hui, sous le noir Dessalines.

En les considérant donc d'après le rôle qu'on leur a fait jouer dans la révolution, on doit sentir que, quand la politique ne s'y opposerait pas, la facilité avec laquelle ils se sont livrés aux factions les plus opposées ; cette facilité, dis-je, ne permettrait pas non plus de les mettre dans une situation qui pourrait leur donner une influence dont ils abuseraient.

Au reste, ils n'ont été à craindre que parce qu'on ne les connaissait pas : ils ne sauraient être les créateurs du danger; ils n'en ont été, et ne peuvent en être que les instrumens.

Enfin, pour ne pas devenir diffus dans un sujet sur lequel il y aurait encore tant de choses à dire, voici le véritable état de la question, et il ne faut que du bon sens pour en saisir la solution : deux classes existent, l'une blanche et libre, l'autre noire et esclave ;... de la rencontre d'un blanc avec une négresse, naît un homme de couleur mixte : comme *homme*, à quelle classe appartient-il ? À toutes les deux ; mais, comme libre par le seul bienfait de la classe où il trouve son père, comme individu soumis aux lois de la société qui l'admet dans son sein, où le placer ? *Avec les noirs ; c'est trop loin de son père.... Avec les blancs ; c'est trop loin de sa mère.....*

Cette position, comme on le voit, n'est commune à aucun pays, à aucune société en Europe.... La raison, la nature veulent donc qu'il reste entre les deux classes, *entre les deux auteurs de ses jours*, pour soulager sa mère et mériter les bontés de son père.

Ce système, vraiment moral, se trouve ainsi d'accord avec la politique, qui, ne pouvant assimiler le blanc et le noir, deux classes entre lesquelles la nature a voulu mettre tant de différence,.... a destiné les hommes de couleur *libres* à former, avec les noirs libres comme eux, une classe intermédiaire, sous la protection des lois civiles, qui suffisent toujours à l'homme qui ne veut qu'être heureux.

Tel est le développement que j'ai cru devoir donner de cette partie intéressante du système colonial. Sur une matière aujourd'hui aussi abstraite pour la France, par la confusion de principes, par les absurdités dont on l'a environnée,..... que pouvons-nous faire de mieux que de nous en rapporter à l'expérience, la vraie lumière de tous les siècles ?

Ne cherchons pas plus loin, de peur de rencontrer pire, comme il nous est déjà arrivé dans presque toutes les matières coloniales.

Je terminerai ce développement par une réflexion importante, qui tient au sujet ; elle mérite également l'attention du gouvernement.

Celui qui a vu son existence politique anéantie sous

le despotisme d'un esclave, doit avoir perdu presque toute idée du système colonial ; il doit avoir senti s'éteindre en lui-même toute l'énergie qu'il lui faudrait pour le défendre : *c'est une loi de la nature, à laquelle il ne saurait se soustraire.* Le dépit de l'humiliation, le desir *craintif* de la vengeance, ou peut-être encore des affections souvent vicieuses, ont dû remplacer chez lui le sentiment froid de la dignité nationale, de l'intérêt de la patrie...... S'il connaît le cœur humain, s'il ne s'abuse pas sur lui-même, s'il est sage, enfin, il doit, dans ces sortes de matières, se défier de lui-même, s'en abstenir, jusqu'à ce que les trois classes aient repris la place que la nature, la politique et l'intérêt de l'empire vont leur assigner de nouveau.

J'avais déjà remarqué cette vérité dans des conversations particulières, aujourd'hui j'en acquiers la conviction dans un ouvrage intitulé : *Précis sur la situation actuelle de Saint-Domingue*, signé IDLINGER, ci-devant administrateur des domaines nationaux, etc. etc.

D'un autre que de M. Idlinger, je regarderais cet ouvrage, comme un nouveau piège tendu au gouvernement, comme une insulte à l'armée française, et à la population blanche de la colonie entière.

Quand on écrit, comme il l'annonce lui-même, pour *éclairer son pays*, pour *fixer l'opinion d'un gouvernement*, auquel on a été attaché par des fonctions importantes, il faut être impartial dans ses observations, conséquent dans ses assertions, et, sur-tout, s'exprimer clairement dans ce que l'on prétend donner pour des résultats.

J'ai promis de poursuivre tout ce que je rencontrerais d'attentatoire à la vérité sur les colonies, et principalement au système colonial : M. Idlinger sait comme moi, que *publier ses pensées c'est se donner autant de juges que de lecteurs*. Je vais donc juger son opinion ; d'autres jugeront la mienne. Je m'arrête au paragraphe suivant ; il suffit pour donner une idée de l'ouvrage entier.

« On aurait pu, dit-il, éviter l'évacuation de Saint-Domingue, mais la combinaison des moyens aurait dû être dès long-temps calculée et progressivement amenée. Une faute funeste commise a été le mécontentement dans lequel on a jetté les mulâtres, par tous les genres de vexations.... Cette faute a été d'autant plus impardonnable qu'on avait l'expérience de Toussaint.... Les gens de couleur, ou anciens libres, s'élevaient, dans le Sud, à plus de huit mille hommes, tous aguéris, entreprenans, nourrissant contre les nègres une animosité égale à la fureur avec laquelle ils avaient été traités : brûlans de vengeance, identifiés au salut de la colonie par d'immenses possessions; notre cause était la leur.... Eh bien ! qui croirait que ces hommes, dont l'union avec nos troupes nous rendait invincibles, ont été placés par des mesures, hélas ! trop rigoureuses, dans l'alternative de la rébellion ou de la mort ?

» Voilà une vérité douloureuse : en vain j'ai voulu la renfermer dans mon âme.... Intérêts de ma patrie, ...vous me l'avez arrachée ! »

Ce paragraphe d'un ouvrage, *dont par-tout la teinte est la même*, demanderait un commentaire à chaque ligne, pour détruire l'impression fausse qu'il peut laisser à quiconque ne connaît pas les colonies. A entendre M. Idlinger, ne croirait-on pas que le *mécontentement des mulâtres* a été au moins la principale *cause de l'évacuation de Saint-Domingue*.... Il est bien étonnant qu'un administrateur, qui sait combien la colonie et l'armée elle-même ont eu à se plaindre de l'administration, contre laquelle se partagent les cris, qui s'élèvent sur les derniers désastres de Saint-Domingue ; il est bien étonnant, dis-je, que cet administrateur, qui pouvait à cet égard, donner *au gouvernement et à son pays*, qu'il veut *éclairer*, les lumières les plus certaines, se taise,.... garde le plus profond silence, et aille chercher à l'évacuation de Saint-Domingue, une cause si éloignée de l'effet qu'il voudrait lui attribuer, et si peu propre à servir les hommes de couleur, si c'était là son intention.

C'est *sur les administrations que reposent le sort et l'existence des armées*... L'armée de Saint-Domingue se plaint de l'administration, celle-ci se plaint de l'armée. .... C'est là, ce me semble, où l'on pourrait plutôt trouver la première cause d'une évacuation, aussi malheureuse par ses résultats pour la population blanche, *trop oubliée*.... et *trahie*, peut-être innocemment, dans l'ouvrage de M. Idlinger.

Quelque temps avant l'évacuation, d'un bout de la colonie à l'autre, on a vu des *impositions* considérables, des *concussions* énormes peser principalement sur la classe blanche.... Ces impositions étaient par-tout établies par les chefs militaires,... *les besoins de l'armée* étaient les raisons *impérieuses* qui au moins ont paru les porter à ces *extrémités*; et M. Idlinger ne nous en dit pas un mot, ainsi que d'une foule d'autres opérations dont il a eu connaissance, et qui ont dû être de la part des chefs de l'armée des *vexations*, principalement contre les colons blancs et le *commerce*, si l'administration n'a rien à se reprocher.

Ce n'est pas en gardant le silence sur les objets les plus importans que l'on *éclaire son pays* : il faut quelquefois un certain courage pour dire certaines vérités :

mais quand on ne veut pas, ou qu'on n'ose pas les dire, il vaut mieux ne pas les annoncer.

M. Idlinger dit qu'il *ne se fait point illusion sur la difficulté de son entreprise*, mais que comme il est question *de servir son pays, d'influer sur le sort de ses malheureux compatriotes, toutes considérations cessent.* Cependant on lit, on examine.... Que reste-t-il de son ouvrage....? Une *erreur dangereuse* pour le gouvernement, des *souvenirs douloureux* pour ses compatriotes, et une *injure* commune à l'armée française et aux colons.

Il suppose aux hommes de couleur, sur l'évacuation de St.-Domingue, une influence qui avait déjà perdu la colonie ; mais qu'ils n'ont point eu sur cette évacuation, telle que M. Idlinger la représente.... Tant de causes ont contribué aux derniers désastres de St.-Domingue, qu'il faudrait un volume pour les développer à la satisfaction de ceux qui aiment les détails ; M. Idlinger, à cet égard, a vu trop en petit ; s'il avait mieux réfléchi l'opinion qu'il cherchait à se faire, il aurait reconnu qu'il *calomniait* les mulâtres, lors même qu'il voulait en faire ses héros. Cette idée lui paraîtra étrange, cependant elle nait de son ouvrage, faute d'avoir été *conséquent dans ses assertions*. Voila donc une *erreur pour le gouvernement.....*

Isoler ainsi les hommes de couleur ; les présenter comme ayant le plus souffert, et pouvant être les plus utiles, si ce n'est pas se mentir à soi-même, c'est au moins une seconde erreur, qui doit retracer à la classe blanche le souvenir de leur conduite depuis 1791. C'est faire appercevoir aux Colons blancs, et à la population française, que les auteurs de toutes les proclamations de Dessalines contre la France, sont encore des mulâtres ; ... c'est *indiquer maladroitement* la différence qu'il y a toujours eu entre la conduite des blancs et celle des mulâtres; c'est faire remarquer au gouvernement français, que les blancs, dont les mulâtres furent les premiers bourreaux, n'ont jamais oublié leur patrie, quoiqu'ils aient été plus cruellement et plus long-temps persécutés que ces mêmes mulâtres.

Voilà *les souvenirs douloureux* que M. Idlinger n'a pas craint de rappeler à ses compatriotes.

Que veut-il encore que l'armée française, aujourd'hui *mieux instruite* de la nature des malheurs de Saint-Domingue, que veut-il, dis-je, qu'elle pense de la nécessité supposée de *son union avec les mulâtres* pour être elle-même *invincible* dans nos colonies?

J'ai une trop haute idée de la nation française et des ressources du gouvernement, pour partager, avec qui que ce soit, une pareille opinion : *en vérité, elle ne mérite pas qu'on s'y arrête*, puisqu'on ne peut supposer que l'auteur ait eu l'intention d'insulter les colons et l'armée.

Enfin, par le texte de ce paragraphe, on est fondé à penser que les mulâtres, *aguerris, entreprenans et brûlant de vengeance*, ne se seraient, dans l'occasion dont dont parle M. Idlinger, *battus avec nos troupes, que parce qu'ils nourrissaient* contre les nègres, une animosité égale à la fureur avec laquelle ils avaient été traités par le nègre Toussaint. Cette manière de juger les mulâtres, est on ne peut plus conforme à la conduite qu'ils ont tenue en général, aux prétentions qu'ils ont montrées, et est bien *éloignée sans doute de ce qu'a voulu dire* M. Idlinger ; il les a donc *calomniés sans le savoir*, en disant une vérité qui trahit leur cause, parce qu'il ne s'est pas expliqué clairement.

Par quelle fatalité d'ailleurs, *la cause des blancs* qui, suivant M. Idlinger, est aujourd'hui *celle des hommes de couleur*, ne l'était-elle pas en 1790, et à toutes les époques où la sûreté de la colonie et des blancs a été compromise.... Si les hommes de couleur ont eu à se plaindre de quelques vexations, ils ne sauraient en accuser la classe blanche, aux massacres de laquelle ils ont sans cesse participés ;.... ils doivent s'en prendre aux factions dont ils ont voulu être alternativement les instrumens ou les victimes, tandis que les blancs ont été constamment immolés à toutes les passions auxquelles Saint-Domigue a succombé.

J'estime, autant que je le dois, les talens administratifs de M. Idlinger ; mais, comme compatriote, je lui conseille de ne plus écrire, de quelque temps, sur Saint-Domingue. Un principe *d'humanité*, sans doute, l'a égaré sur la cause générale de cette colonie, ..., autrement, si c'était son opinion, il faut qu'il convienne, de lui à moi, qu'elle est détestable, et qu'il fera bien d'y renoncer. En matière purement administrative il sera peut-être plus heureux, pourvu qu'il n'aille pas encore s'embarrasser lui-même dans aucune réflexion politique.

Au reste, pour ne pas désespérer entièrement, M. Idlinger, que les hommes de couleur libres soient utiles à la cause des colonies, il n'y a point d'inconvénient ; mais il ne faut pas leur faire un mérite de ce qui ne fut jamais qu'un devoir...... Ils doivent leur service au pays qui les a vu naître, à la classe qui les a tiré de la servitude, à leurs pères, et au gouvernement qui leur aura rendu la place qui leur convient pour leur propre intérêt et leur tranquillité.... C'est donc tromper la France, c'est donc abuser les hommes de couleur eux-mêmes, que de leur faire espérer, au lieu de l'estime publique, des concessions politiques, dont ils ne sauraient jouir paisiblement, dans un pays où *il faut parler aux yeux*, où *l'opinion fait tout*, où elle doit tout faire.

D'après les principes que j'ai déjà exposés, d'après la cruelle expérience que nous en avons faite pendant quatorze ans, on doit reconnaître aujourd'hui que l'intérêt des *colons blancs* est intimement lié à celui du commerce,..... que celui de l'état est inséparable de l'intérêt du commerce et des colonies.

L'oubli ou l'ignorance de ce principe a fait, depuis la révolution, la plus grande partie des maux de l'empire français : la France, presque cernée par la mer, avec son sol et sa population, doit être puissance maritime, et serait la première, si nous n'avions pas un ennemi sous les yeux duquel, depuis près d'un siècle, nous ne pouvons pas faire impunément la faute la plus légère, sans qu'il en profite.

Une connaissance profonde du système colonial, et des rapports qui doivent exister entre la France et les colonies peut seule rétablir à Saint-Domingue l'ordre et la paix,.... de cette paix dont le retour paraît si difficile aux uns et si facile aux autres.

Tel est ordinairement sur l'esprit public l'effet que produisent les projets d'opérations, dont il ne connaît ni le principe ni les procédés. Je ne dirai pas que ce retour soit *facile*, puisqu'il dépend des choix du gouvernement, et que rien d'aussi difficile qu'un bon choix ; mais je ne puis dire non plus que ce retour à l'ordre soit impossible, comme quelques personnes le pensent, puisqu'un bon choix, puisque la connaissance des lieux, des hommes et des choses dans toutes les opérations humaines, a toujours vaincu les difficultés ; et que le Français est peut-être le peuple le plus propre à réaliser cette vérité, quand il se sera mis en tête de ne céder à aucun autre intérêt, étranger à la chose.

Il faut se rappeler que quand on a voulu perdre les colonies, on a commencé par inquiéter les colons blancs ; on les a harcelés, ensuite calomniés, bientôt après persécutés, enfin égorgés, chassés de leurs propriétés....... Cette marche, qu'on a prise pour anéantir St.-Domingue, et qui a si bien réussi, indique aujourd'hui, à l'homme le moins instruit, le premier moyen de le rétablir.

La raison, la justice et l'intérêt de l'état désignent donc les colons comme les hommes dont les lumières peuvent être les plus utiles, dont la présence eut été et sera toujours indispensable à la conquête et à la restauration d'une colonie qui leur doit son élévation et sa splendeur.

S'il était des mesures par lesquelles les colons pussent être dispensés de payer de leurs conseils et de leur personne, il ne faut que connaître un peu le cœur humain, pour croire qu'ils n'en solliciteraient pas d'autres : on ne court pas au-devant des difficultés et du danger, lorsqu'on voit d'autres moyens d'obtenir le résultat que l'on cherche....

Qui a plus d'intérêt qu'eux au rétablissement de Saint-Domingue, à la restauration des cultures et du commerce.... Qu'importe, à celui qui n'est pas propriétaire, que le Gouvernement prenne telle ou telle mesure, pourvu que, pendant six ou huit mois, il puisse agioter librement sur tous les objets qui se présenteront à sa cupidité?.... Que lui importe que les nègres soient libres ou esclaves, pourvu que la place qu'il occupe lui fournisse des moyens de fortune, qu'il arrache à la circulation et fait bientôt passer, soit en France, soit aux États-Unis d'Amérique? Cet homme se plaint, crie contre le pays qu'il ne connaît pas, contre le peu de propriétaires qu'il rencontre, dont la présence l'offusque, et finit par abandonner la place et la colonie, à la première inquiétude générale, etc. etc.

Qu'on se souvienne de l'évacuation qui eut lieu, de toutes les parties de cette colonie, au moment de la dernière déclaration de guerre;.... qu'on se rappelle les sommes énormes d'or et d'argent qui en furent exportées à cette époque, sans faire mention de toutes celles qui en étaient sorties avant : et on est étonné que la colonie, qui aura toujours le plus de ressource, ait si facilement succombé. Joignez à cela le défaut de plan, de principes, de connaissance des lieux, des hommes et des choses.... Cinq cents mille hommes et cinq cents millions s'engloutiraient encore devant les fautes qu'on a faites.

Point de colonies, point de commerce; point de commerce, plus de marine.... Cet adage est prouvé par l'expérience;... on peut donc y ajouter aujourd'hui : *point de colons, point de colonies.*

Si ce principe eut dirigé la dernière expédition, que de maux nous eussions évités!.... Que de sang nous eussions épargné!.... Que le souvenir de tant de fautes nous serve au moins à en écarter de nouvelles.

Il est de fait qu'une prévention aveugle, contre les colons en général, impolitiquement manifestée, influa sur presque toutes les opérations de l'armée et de l'administration qui furent envoyées à Saint-Domingue.

Aussi, le Général Leclerc, long-temps séduit par une foule d'erreurs, *et à la veille de succomber à sa trop grande confiance dans ceux qui l'entouraient*, avait-il reconnu le danger de cette prévention, et était décidé à en réparer l'injustice, par tous les moyens qui étaient en son pouvoir.... il l'avait solennellement promis à la garde nationale du Cap, réunie sur la place d'armes, après un coup de main de la part du mulâtre *Clairvaux*, auquel il venait d'échapper.... L'intrépidité et le dévouement de ces colons blancs, que l'on persécute depuis quatorze ans, fut, pour le Général en chef, un trait de lumière dont il se proposait de profiter ; .... mais la fatalité, qui poursuit la plus malheureuse de nos colonies, a encore voulu que *cette lueur d'espérance pour St.-Domingue, fut le terme de sa vie.*

Les derniers événemens de cette île touchent trop directement la gloire et la fortune de la France, pour que les colons aient besoin d'accuser personne. En effet, quand une armée abusée sur les premiers devoirs qu'elle avait à remplir, croit, en débarquant, faire la conquête d'un pays étranger, ennemi, et ne sait qui elle doit combattre, des blancs ou des noirs ; .... quand une partie des chefs de cette armée, sous prétexte du droit de la guerre, et au mépris des arrêtés du chef suprême du gouvernement, se permet de *dépouiller* de leurs propriétés des Français long-temps malheureux par les seules erreurs de la France ; *d'humilier* des hommes dont ~~ils auraient~~ *elle auroit* dû respecter l'infortune, si elle avait eu un souffle de cet esprit militaire, qui fit si souvent tant d'honneur aux armées françaises ; .... lorsqu'une administration, dans les mêmes principes, s'est fait un jeu de compromettre l'existence de l'armée et le salut de la colonie ; .... lorsque, par l'insouciance et la cupidité du plus grand nombre de ceux qui étaient appelés, *par état*, à secourir le soldat, les hôpitaux militaires étaient devenus de nouveaux champs de bataille, où quelquefois il était dépouillé avant sa mort ; ... lorsqu'un général dit à ses troupes : *n'écoutez pas les colons, les habitans du pays, et, dans les combats, tenez-vous toujours à une certaine distance d'eux;* lorsqu'un général écrit à un autre sous ses ordres : *je vais vous forcer d'évacuer; j'ai eu la précau-*

tion de lever une contribution de cinquante mille gourdes; faites en autant ; .... lorsque l'on pourrait citer mille autres faits, mille autres propos de cette nature ; .... lors qu'enfin, après s'être disputés les lambeaux d'une colonie expirante sous les coups de l'Angleterre, cette *réunion étrangère* d'hommes de tous états, destinés à sa défense, ne s'est entendue que pour l'abandonner à la domination, aux fureurs d'un esclave noir, et de quelques affranchis vendus à la cause des ennemis de la France, ... qui veut-on que le colon distingue dans un pareil cahos ? quand l'un aura agi d'après des ordres, l'autre par suite d'instructions, celui-ci par erreur, celui-là par ignorance ; .... quand tous auront un motif, une excuse, et que la colonie n'en aura pas moins succombée toute entière.

Il serait vraiment douloureux de ne pouvoir admettre aucune exception ; ..... il en est sans doute d'honorables ! .... mais que pouvait l'intérêt de la France contre la soif de l'or ? ... que pouvait la raison contre le torrent d'une prévention ennemie, déchaînée depuis douze ans contre cette malheureuse contrée ? ... Sur un vaste incendie, que peuvent, hélas ! quelques goutes d'eau jetées çà et là ? ...

Non, ... il n'est pas possible de reconnaître dans le cours et le résultat de cette expédition, ce pouvoir, ce génie qu'on est forcé d'admirer en Europe. Le gouvernement de France et celui de Saint-Domingue ont porté, dans le même temps, un caractère si différent, si opposé l'un à l'autre, ... qu'on pourrait demander aujourd'hui, laquelle de la France ou de l'Angleterre on a voulu servir dans le cours et le résultat de cette même expédition.

Pourquoi faut-il chaque fois que la France, éloignant

les colons des intérêts de leur pays, a envoyé des agens à Saint-Domingue, pourquoi, dis-je, faut-il que leur présence y ait été le signal des plus grands désordres ? .... Pourquoi faut-il que de toutes les lois faites pour les colonies, excepté quelques-unes des dernières, il ne s'en est pas trouvé une seule qui n'ait été une source de malheurs et de persécutions ? ... On veut des colonies .... et on ne veut pas de colons; ... c'est une opinion malheureusement trop répandue ; il y a des gens capables de la présenter encore au gouvernement : ... quand commencera-t-on à la suspecter comme elle le mérite ? ... Ne vaudrait-il pas autant, que pour former une marine militaire, on nous dirait : Je veux des vaisseaux, des canons, mais je ne veux ni anciens canoniers, ni anciens matelots. Ne rirait-on pas au nez de celui qui ferait une pareille proposition ? .... cependant qu'elle différence peut-on faire entre l'une et l'autre ? .... Les *nouveaux colons* ne vaudraient pas mieux que les *nouveaux canoniers* et les *nouveaux matelots*.

C'est assez parler de maux, dont le spectacle ne peut être indifférent qu'à un ennemi. Tout le monde parle des malheurs de Saint-Domingue ; mais la plus grande sensibilité ne saurait donner une idée vraie de l'excès auquel ils ont été portés. Il n'y a que le colon, bien pénétré de l'honneur et de la gloire de la France, qui puisse sentir cet excès, ... et lui seul, je ne crains pas de le dire, peut y trouver le remède ; ... l'âme qui a souffert sait toujours mieux ce qu'il lui faut pour la calmer. .... Sur cette question toutes les connaissances physiques, morales et politiques ont été confondues, anéanties sous le poids d'une foule d'absurdités, qu'on appela des erreurs.

Enfin, la plus belle, la plus riche possession de l'empire français, se trouve momentanément perdue et au pouvoir de deux classes, qu'une intrigue *étrangère* seule a rendues ennemies d'abord *une* de ses maîtres, *l'autre* de ses pères ;
.... aujourd'hui de la nation entière (1), de deux classes que la nature n'a fait que pour les extrêmes, conséquemment qui sauront ramper quand elles ne pourront plus dominer, ... le nombre n'est rien, quand *un seul mot* doit les diviser : .... la volonté, bien prononcée, de l'Empereur des Français.

Veut-on savoir ce qui en imposera le plus aux nègres et aux mulâtres rebelles ?.... C'est lorsque dans la subdivision des forces qu'on leur opposera, ils reconnaîtront *par-tout*, des hommes qu'on leur a fait persécuter et qui n'hésiteront devant eux dans aucune occasion, parce qu'ils les connaissent.... Je publie sans crainte cette réflexion.... Les scélérats ont beau faire .... ils ne se soustrairont pas à cet ascendant de la nature : .... la victime, les armes à la main, fait toujours trembler ses bourreaux ! ... Tels sont, suivant moi, les premières bases sur lesquelles doit être établi le projet de conquête de Saint-Domingue.... Je m'arrête. On doit sentir qu'il y aurait de l'indiscrétion à continuer le tableau que je pourrais me faire de cette conquête.

On sait que la connaissance des lieux, que l'influence du moment, que beaucoup d'autres raisons, moyens, renseignemens, considérations ou préliminaires, doivent décider du premier mouvement, dans une opération à 1800 lieues du pouvoir qui l'ordonnera. Par suite de

---

(1) Voyez toutes les proclamations de Dessalines, rédigées par les mulâtres Chanlatte et Boisron.

ces premiers principes, en les supposant adoptés, je crois devoir proposer, comme un préliminaire avantageux sous plusieurs rapports aisés à saisir, la formation des chambres d'agriculture, conformément à l'esprit de l'arrêté du 23 Ventôse an 11. Saint-Domingue est évacué, mais n'est pas irrévocablement perdu ; c'est donc pour profiter de tous les moyens indiqués par l'expérience, que le gouvernement pourrait choisir, parmi les colons, transplantés au sein de la métropole, les sujets les plus capables de remplir les vues de bienfaisance, qu'annonce l'établissement des chambres d'agriculture. En conséquence les membres de ces chambres seraient nommés par le gouvernement, sur telle mesure de présentation qu'il jugerait devoir substituer à celle portée dans l'arrêté : les nominations ainsi faites, et *lorsqu'il serait temps*, ces chambres seraient tenues de partir pour Saint-Domingue avec l'expédition, et d'aller y remplir leurs fonctions dans leurs départemens respectifs, d'après les succès, et en raison des progrès de l'armée, sur les différens points qu'elle occuperait.

Pour rendre la formation de ces chambres aussi importante qu'elle est susceptible de le devenir, le gouvernement français pourrait désigner un membre de chacune de ces chambres, et de la réunion qui en résulterait, composer un *conseil attaché au Capitaine-Général, gouverneur de la colonie*.

Il serait peut-être très-convenable, dans la situation où se trouvera Saint-Domingue, que le commerce français eut dans ce conseil un *député*, qui seulement dans les rapports communs entre le commerce et cette colonie, fut entendu, par le Gouverneur-Général, *contradictoirement* avec ceux qui la représenteraient.

Ce même conseil, correspondant, tant avec ses collègues des départemens de l'île, qu'avec les députés des chambres près son Excellence le ministre de la marine, pourrait beaucoup contribuer, par son zèle et son activité, au développement de tous les moyens de restauration, et peut-être même de conquête, par leurs connaissances des localités, des mœurs et des habitudes de l'ennemi.

Le gouvernement français déterminerait les droits, fonctions et attributions de ce conseil, qui pourrait encore éviter au gouvernement de Saint-Domingue bien des erreurs, et applanir devant lui bien des difficultés : enfin cette preuve de confiance de la part de Sa Majesté Impériale, serait pour cette colonie un puissant encouragement dont les cultures et le commerce ne tarderaient pas à ressentir les effets; et il n'y a pas de doute que ce même encouragement ne provoquât bientôt le retour des propriétaires-cultivateurs expatriés, celui du commerce et de tous les genres d'industrie, dans une colonie où la confiance générale a été si souvent trompée.

Je passe aux moyens de restauration. Tout le monde, dit-on, parle des maux de Saint-Domingue, et personne ne donne aucune idée sur les moyens de restauration : je présente donc ici cet apperçu, pour, au moins, fixer quelques incertitudes et commencer à former l'opinion à cet égard.

Pendant long-temps on a cru en France que ceux qui avaient participé *en chef* aux troubles de Saint-Domingue, étaient les seuls capables d'y rétablir l'ordre. C'est une erreur, dont on a senti les effets plus d'une fois : il ne faut pas au contraire que les noirs voient trop tôt aucun de ceux qui leur ont parlé de liberté. Comment un homme qui s'est si cruellement trompé, peut-il, s'il a été de bonne foi, saisir avec eux le ca-

ractère opposé qu'exige le rétablissement de l'ordre ?...
et qu'elle confiance pourrait inspirer celui qui a porté
la désolation dans un pays qu'il sacrifiait froidement à
des principes qu'il désavouait intérieurement ?....

Jamais la position de Saint-Domingue n'aura été plus
délicate, plus difficile, tant par le choix des moyens,
que par celui des hommes qui seront chargés de leur
exécution.... Enfin, après tant de malheurs, tout sera
nouveau dans cette situation de paix qui doit remplacer
l'état de honte et de désolation auquel fut si long-temps
condamnée cette colonie. Le gouvernement de Saint-
Domingue pourra donc, à cette contenance inquiète et
menaçante, à laquelle l'assujettissait sa prévention contre
les colons, faire succéder l'attitude imposante du pouvoir éclairé, qui n'a plus que du bien à faire. Le colon
y reprendra cette confiance que donnent à tous les peuples
la garantie de bonnes lois, et la protection de leur gouvernement.

A l'activité, à l'industrie renaissante des colons en
général, le commerce Français viendra joindre son zèle
et les ressources dont il pourra disposer.

Après le rétablissement de la considération due à la
classe blanche dans les colonies, l'agriculture et le commerce sont les deux premiers objets qui doivent fixer
l'attention du gouvernement. C'est de l'examen des intérêts du cultivateur de Saint-Domingue et des négocians de France, *combinés avec ceux de l'état*, que
naîtront tous ces moyens de restauration que l'on desire,
que l'on cherche, et dont la justice et les lumières du
gouvernement peuvent seules aujourd'hui garantir le succès.

Quiconque désespère d'un projet ; quiconque, après
les réflexions qu'il aura pu faire, en regarde les obstacles et les difficultés comme invincibles, n'est plus fait

pour être consulté, pour participer à son exécution. La restauration de Saint-Domingue, sans doute, présente des difficultés, mais je n'en connais pas une d'insurmontable pour le gouvernement actuel, lorsque la paix l'aura mis à même de développer promptement l'activité et l'industrie coloniales, lors qu'après avoir médité la vraie cause des malheurs de cette colonie, il aura adopté tous les moyens d'en empêcher le retour.

Pendant la révolution, pendant tout le temps que la France n'a pu donner aucun secours à S.-Domingue ; tandis qu'au contraire cette colonie ne recevait de la métropole que des moyens de destruction, quelle autre raison que son industrie, que les ressources dont elle est couverte d'une extrémité à l'autre, pouvait porter le commerce étranger à aller, sans cesse, y partager la désolation des habitans, et ces richesses, que *la Nature en pleurs* fournit encore aujourd'hui aux brigands qui l'ont le plus outragée ?

Après le dernier incendie du Cap, lorsque cette ville, jadis si florissante, ne présentait plus, pour la seconde fois, pendant l'espace de douze années, que du sang, des cendres et des décombres, ne la vit-on pas bientôt soulever ses ruines, et se relever, malgré la guerre intérieure la plus affreuse, malgré l'administration la moins propre à réparer ses pertes, à consoler ses habitans ?

Pourquoi donc, au mépris des intentions du gouvernement français, St.-Domingue est-il retombé dans un état pire que celui auquel on était venu remédier ?..... C'est parce qu'on ne s'est occupé que du mal, sans en chercher, sans songer à en arrêter la cause.....

La destruction de St.-Domingue est un mal physique, mais la cause en est politique : on doit sentir qu'un pareil mal subsistera tant que l'on n'en attaquera pas la cause.

En effet, en isolant la dévastation de cette colonie des autres malheurs qui l'ont accompagnée, on pourrait affirmer que dix tremblemens de terre comme celui de 1770, cinquante ouragans comme celui de 1785, et autant d'inondations, auraient fait moins de tort à Saint-Domingue et à la France, que la politique qui a dirigé ces massacres et ces incendies que tout le monde déplore aujourd'hui. Ne comparons jamais en rien les colonies à la métropole; souvenons-nous que c'est par de pareilles assimilations qu'on a pensé les conduire toutes à leur perte; croyons enfin que les remèdes ordinaires n'opéreront presque rien sur des maux aussi extraordinaires que ceux auxquels il s'agit de mettre un terme.

Le premier objet de restauration le plus important, celui sans lequel il n'y a rien à espérer, c'est l'*agriculture*. C'est-là que doit être dirigée l'attention de tous ceux qui desirent sincèrement cette restauration : par-tout c'est la terre qui fournit tout; toutes les matières premières viennent de la terre : aussi tous les coups portés à St.-Domingue ont-ils été particulièrement dirigés contre l'agriculture, contre le cultivateur.

Je ne m'arrêterai pas aux calculs *hypothétiques* qu'on pourrait nous donner *des valeurs* abandonnées dans cette colonie : à quoi ont servi de semblables calculs avant la dernière expédition?.... On nous dit qu'il reste tant de nègres, tant d'animaux, de moulins à eau, à bêtes; tant de sucreries, de cafeteries, d'indigoteries, etc. etc. etc. Dans quelque situation que l'on reprenne St.-Domingue, cette colonie aura besoin de moyens extraordinaires pour que son rétablissement devienne sensible dans la combinaison des intérêts de l'état, et des avantages réels du commerce.

Le premier moyen de restauration est donc la reprise de la traite des noirs et leur introduction à St.-Domingue. Le commerce de France, qui dans sa plus grande splendeur ne fournissait annuellement à cette colonie que 25 mille nègres, peut-il le faire aujourd'hui ? Cette quantité peut-elle suffire annuellement aux besoins d'une colonie dont les bras, de 600 mille au moins, se trouveront réduits à une perte qu'il est impossible de déterminer : à cet égard tout dépendra du plan et du succès de la future expédition.... Et encore, quels nègres sera-ce, quand depuis douze ans les plus robustes auront péris, ou seront hors de la colonie attachés à de nouveaux établissement formés par leurs maîtres, dans d'autres îles, ou sur le continent américain ?

D'après l'aveu des négocians des diverses villes maritimes de France, il est démontré que le commerce français ne saurait reprendre cette branche de commerce, de manière à fournir des résultats suffisans ; il est aussi constant que St.-Domingue ne peut se relever sans le rétablissement de la traite des noirs, sans l'introduction du plus grand nombre qu'il sera possible.

En consultant ce que le commerce pouvait faire autrefois, on verra qu'il lui faudrait vingt-quatre ans pour fournir 600 mille nègres : qu'on examine à présent ce que seront, pour les cultures, 25 mille nègres nouveaux, distribués par an sur toute la surface de St.-Domingue, et à ajouter au rebut des 600 mille qui y étaient en 1790, calculez encore le déficit présumable et résultant de l'expédition qui doit y rétablir la paix, joignez y la mortalité ordinaire, les maladies et autres accidens, et on jugera facilement qu'il faut, pour rélever St.-Domingue, des moyens *extraordinaires*, si on ne veut pas voir cette colonie languir dans la misère, l'habitant résidant se décourager, et le colon expatrié renoncer entièrement à ses possessions territoriales.

Je suis convaincu que le commerce français ne fera aucune réclamation à cet égard, et que, pour l'intérêt de la métropole, il laissera faire à d'autres ce qu'il ne saurait faire lui-même.

Une grande concurrence, sur-tout pour tous les objets de première nécessité, est le plus grand moyen de restauration pour une colonie, qui aura besoin de tout : et en ne calculant pas *au jour la journée*, on reconnaîtra que plutôt les cultures et l'industrie y seront rétablies, par toutes les mesures possibles, plutôt le gouvernement français pourra y faire revivre le *régime exclusif*, qui aujourd'hui deviendrait un fléau auquel Saint-Domingue succomberait une seconde fois.

L'économie politique de tout état commerçant consiste *à vendre ses denrées à meilleur marché que ses rivaux* : il faut donc que l'habitant des colonies françaises puisse se procurer les objets de première nécessité, au moins *au même prix que les autres nations*. Cette question, plus politique que commerciale, n'est du ressort ni du commerce ni des colonies : l'un et les autres d'ailleurs y seraient juges et parties : elle appartient donc plutôt au gouvernement : c'est à lui à déterminer, dans sa sagesse, à quel point ce principe serait applicable à la situation de Saint-Domingue.

Après cette importante solution, vient la dette coloniale, pour l'acquittement de laquelle le gouvernement avait accordé une suspension de cinq ans. Les malheureux événemens de Saint-Domingue ont rendu cette suspension absolument illusoire, et mettent les choses dans l'état où elles étaient avant cette loi.

La conquête de cette colonie, l'administration qui sera adaptée à sa position et les moyens que le gouvernement aura jugés les plus favorables à sa restauration; voilà, je crois, les premières considérations d'après le succès desquelles on pourra fixer l'époque des réclamations du commerce, qui formeront elles-mêmes encore une autre question, sur laquelle la justice, la politique et l'intérêt national devront se réunir pour prononcer.

A quel tribunal pourrait-on condamner le colon qui a tout perdu par des causes qu'on ne saurait lui imputer, et qui l'ont mis dans l'impossibilité de satisfaire le commerce ?

On ne saurait non plus rejeter les réclamations du commerce, qui, de bonne-foi, a fait des avances, et a éprouvé le contre-coup de tous les événemens des colonies.

Cette autre solution à intervenir, présente des difficultés qui, en les examinant attentivement, peuvent augmenter encore par la multitude de connaissances locales qui seront indispensables pour fixer la justice du gouvernement.

Les impôts seront aussi un sujet assez difficile à traiter, pour un pays où il faudra pour ainsi dire tout recréer. Cette partie de l'administration demandera également une infinité de connaissances locales, d'après lesquelles on pourra espérer de rendre l'impôt supportable : St.-Domingue aura besoin de toute la bienfaisance du gouvernement, pour que les habitans puissent bientôt, par leur activité et leur industrie, contribuer, comme autrefois, à la splendeur de la métropole.

Quant à l'administration générale des colonies, l'expérience prouve encore qu'elle doit être simple comme leur législation intérieure : les administrations les plus simples sont les moins dispendieuses et les mieux servies : celle qu'on a dernièrement voulu adapter à St.-Domingue, aurait arrêté ses progrès dans sa plus grande splendeur. Une population de trente à quarante mille ames ne comporte pas une administration faite pour un pays de trente à trente-cinq millions d'habitans : les moyens de fortune, dans les colonies, sont les cultures et le commerce ; c'est décourager, énerver l'industrie, que d'y substituer les places des administrations civiles et militaires.

Tels sont les principes que je me suis engagé de rétablir ; c'est d'après les intentions et les projets du gouvernement, que l'application doit en être faite à toutes les parties que ces principes concernent.

D'après cet aperçu, on peut donc réduire les moyens de restauration de St.-Domingue, sauf les modifications qui seraient jugées nécessaires,

1.° A l'ouverture des ports de cette colonie aux étrangers ;

2.° La suspension de la dette de la colonie au commerce ;

3.° Impôt unique sur la denrée coloniale à sa sortie.

Ces mesures, d'après la situation de St.-Domingue, exigeraient un terme de *dix ans*, à compter de la pacification intérieure de cette colonie.

Des propositions aussi importantes sont susceptibles des débats les plus lumineux : les intérêts de l'état, du commerce et des colonies, devront y être balancés avec toute la sagesse et la prudence que commandent d'aussi grands résultats.

La dette de la colonie de St.-Domingue au commerce appelle toute l'attention du gouvernement ; mais on ne pourra en faire une juste réduction, et déterminer l'époque des payemens, que quand cette île, conquise et pacifiée, présentera des bases à la justice, à l'impartialité que demande une pareille opération.

Quant aux autres intérêts, de particulier à particulier, la position de St.-Domingue offrira encore une foule d'incidens, sujets à discussion judiciaire, sur lesquels aucune jurisprudence n'a encore prononcé, parce qu'on n'a pas pu les prévoir : on ne prévoit pas la destruction entière d'un pays, l'expulsion de tous ses habitans.

Songeons désormais que l'ennemi qui nous observe, épie toutes nos démarches;.... évitons les erreurs;.... comptons sur nos moyens;.... soyons justes et nous ne ferons point de fautes ; au moins, s'il nous en échappe, seront elles faciles à réparer.

Il n'est pas, je crois, inutile de dire quelque chose de cette accusation *d'indépendance*, qui fut le cri de tous ceux qui, sciemment ou sans le savoir, ont participé aux malheurs de Saint-Domingue.

On doit voir aujourd'hui, comment et par qui une colonie, dans les Antilles, peut être indépendante. Il n'est pas un colon un peu instruit, qui n'ait regardé ce projet supposé comme une absurdité, destiné à établir entre la France et les colons, cette défiance, qui a fait tant de mal à tous les deux.

Cependant si on eut voulu examiner l'existence politique des îles à sucre, la nécessité de leur régime intérieur, leurs moyens et leurs besoins, on aurait facilement reconnu qu'une pareille possession ne peut se déclarer en révolte et se mettre en état de défense, sans se perdre; que l'indépendance de St.-Domingue, fût elle reconnue par toutes les puissances maritimes de l'Europe, serait encore une chimère, dont l'intrigue s'est déjà amusée aux dépens des malheureux habitans blancs.

Enfin, l'expérience a prouvé à la France elle-même,

que la seule garantie des métropoles dans les colonies est leur régime intérieur.

Il en résulte donc, que plus le gouvernement rendra à St.-Domingue de *considération* aux colons blancs en général, que plus il leur accordera de *confiance* dans tout ce qui concerne ce régime, d'*encouragement* de toute espèce, plus il les attachera à la métropole, plus il assurera en même temps la *dépendance* de la colonie entière.

Une multitude de principes viennent à l'appui de cette vérité, que l'on ne met encore en question, que parce que la politique ne permet pas de publier tout ce qu'il y aurait à dire à cet égard. Qui peut, au reste, sentir l'importance de ces principes, mieux que celui qui, depuis douze ans, n'a cessé d'éprouver les effets cruels de l'abandon qu'on en a fait. Combien de fois, enfin, les colons n'ont il pas eux-mêmes annoncé les malheurs qui les attendaient ?.....

Aujourd'hui que le gouvernement, que tous les hommes raisonnables doivent être fixés sur l'impossibilité de l'indépendance de St.-Domingue, et sur le dégré de confiance qu'on pouvait accorder à ce projet qu'on a supposé aux colons blancs, je crois, pour terminer cet ouvrage, devoir remettre sous les yeux de la France *mieux instruite*, ces mêmes principes, dont *le rejet sans examen* fut l'origine des malheurs de cette colonie.

Pour les juger sainement, il faut se reporter au commencement de la révolution, au moment critique, où la colonie de St.-Domingue, *menacée de toutes parts*, n'avait de ressources que dans la puissance française, de confiance que dans la justice de ses représentans.

L'état des choses peut varier, mais quand le régime d'un pays tient au *climat*, à la nature des différentes po-

pulations; à leurs *mœurs* et à leurs *habitudes*, les événemens ne sauraient rien changer à des principes auxquels il est reconnu qu'on ne peut rien substituer.

Je crois même devoir faire observer que la nouvelle forme que vient de prendre l'empire français, se trouvant plus rapprochée des bases constitutionnelles proposées en 1790, pour la colonie de St.-Domingue.... on doit rencontrer dans l'examen, dans la méditation de l'acte suivant, des traits de lumières, qui ne peuvent manquer d'éclairer sur la véritable origine des malheurs de cette colonie, sur les moyens législatifs de les réparer.

ARRÊTÉ

DE

L'ASSEMBLÉE DE SAINT-MARC,

du 28 Mai 1790.

« L'Assemblée Générale, etc.,

» Considérant que les droits de la partie française de de St-Domingue, pour avoir été long-temps méconnus et oubliés n'en sont pas moins demeurés dans toute leur intégrité ».

La colonie était française alors, aujourd'hui qu'est-elle devenue ?....

« Considérant que *l'époque d'une régénération générale dans l'empire français* est la seule où l'on puisse déterminer d'une manière *juste et inviolable tous ses droits*, dont les uns sont *particuliers* et les autres relatifs ».

La situation déplorable de Saint-Domingue ne justifie que trop l'esprit de ce considérant !....

« Considérant que le droit de statuer sur son régime intérieur appartient essentiellement et nécessairement à la partie française de Saint-Domingue, trop peu connue de la France, dont elle est séparée par un immense intervalle.

» Considérant que les représentans de St.-Domingue ne peuvent renoncer à ce droit imprescriptible sans manquer à leur devoir le plus sacré, qui est de procurer, à leurs constituans, des lois sages et bienfaisantes;

» Considérant que de telles lois ne peuvent être faites qu'au sein même de cette île, d'abord en raison de la différence du climat, de la population, des mœurs, des habitudes, et ensuite, parce que *ceux-là*, pour qui la loi est faite, peuvent seuls la délibérer et la consentir ».

Ici, il ne faut pas oublier que l'assemblée nationale avait fait écrire, par son président, à celle de Saint-Domingue. « *Demandez, messieurs, tout ce que vous croirez utile à votre colonie; le Roi et la nation vous y invitent* ». *Alors les factions ne s'étaient pas encore montrées.*

« Considérant que l'assemblée nationale ne pourrait décréter les lois concernant le régime intérieur de Saint-Domingue, sans renverser les principes qu'elle a consacré par ses premiers décrets, et notamment par sa déclaration des droits de l'homme ».

Cet acte de prévoyance fut rejetté sans examen; de là naquit l'accusation d'indépendance; . . . de là tous les maux qui en sont résultés.

« Considérant que les décrets émanés de l'assemblée générale des représentans de Saint-Domingue ne peuvent être soumis à d'autre sanction qu'à celle du Roi, parce qu'à lui seul appartient cette *prérogative inhérente au trône*, et que nul autre, suivant la constitution française, ne peut en être dépositaire; conséquemment que le *droit de sanctionner ne peut être conféré au Gouverneur-Géné-*

ral, étranger à cette contrée, et n'y exerçant qu'une autorité précaire et subordonnée ».

L'expérience parle assez en faveur d'une mesure, que favorise aujourd'hui la nouvelle forme de l'empire.

« Considérant qu'en ce qui concerne les rapports commerciaux, et les autres rapports communs entre St.-Domingue et la France, *le nouveau contrat* doit être formé d'après le vœu, les besoins, et le *consentement* des parties contractantes ».

La France n'est plus au commencement de sa révolution, à la veille de voir, sous ses yeux, préparer la perte de ses colonies; aujourd'hui le gouvernement répare les maux que ses prédécesseurs ont faits ou laissé faire; c'est à lui à juger à quel point l'esprit de ce considérant pourrait être accueilli.

« Considérant que tout décret qui aurait pu être rendu par l'assemblée nationale, et qui contrarirait les principes qui viennent d'être exposés, ne saurait lier Saint-Domingue qui n'a pas consenti à ces mêmes décrets ».

Qu'on se rappelle la conflagration des colonies et de l'Europe entière, et qu'on juge si cette prévoyance devait être alors nuisible à la France.

« Considérant enfin que l'assemblée nationale, si justement attachée aux principes de justice, et qui vient de manifester le *desir d'assurer la prospérité des îles françaises de l'Amérique*, n'hésitera pas à reconnaître les droits de Saint-Domingue par un décret solemnel et authentique.

» Après avoir délibéré dans ses séances des 22, 26 et 27, et dans celle de ce jour,

» A ARRÊTÉ, à l'unanimité, et arrête ce qui suit :

Article Premier.

« Le pouvoir législatif, *en ce qui concerne le régime intérieur de Saint-Domingue*, réside dans l'assemblée de ses représentans, constitués en assemblée générale de la partie française de Saint-Domingue.

Art. II.

» Aucun acte législatif, *en ce qui concerne le régime intérieur*, ne pourra être considéré comme loi définitive, s'il n'est fait par les représentans de la partie française de Saint-Domingue, librement et légalement élus, et *s'il n'est sanctionné par le Roi.*

Art. III.

» Tout acte législatif, fait par l'assemblée générale, dans les cas de nécessité urgente, *en ce qui concerne le régime intérieur*, sera considéré comme loi provisoire; dans ces cas, le décret sera notifié au gouverneur-général, qui, dans les dix jours de la notification, le fera promulguer, et tiendra la main à son exécution, ou remettra à l'assemblée ses observations sur le contenu audit décret.

Art. IV.

» L'urgence, qui déterminera l'effet de l'exécution provisoire, sera décidée par un décret séparé, qui ne pourra être rendu qu'à la majorité des deux tiers des voix, prises par appel nominal.

Art. V.

» Si le gouverneur-général remet des observations, elles seront inscrites sur le registre de l'assemblée; il sera alors procédé à la révision du décret: d'après ces observations, le décret et les observations seront livrés à la discussion pendant trois séances différentes : les voix seront données par *oui* et par *non*, pour maintenir ou annuller le décret : le procès-verbal de la délibération sera signé par tous les membres présens, et désignera la quantité de voix qui auront été pour l'une ou l'autre opinion : si les deux tiers des voix maintiennent le décret, il sera promulgué et exécuté sur-le-champ.

Art. VI.

» La loi devant être le résultat du consentement de tous ceux pour qui elle est faite, la partie française de Saint-Domingue proposera ses plans concernant les rapports commerciaux et autres rapports communs, et les décrets qui seront rendus à cet égard, par l'assemblée nationale, ne seront exécutés dans la partie française de Saint-Domingue, que lorsqu'ils auront été consentis par l'assemblée générale de ses représentans.

Art. VII.

» Ne seront point compris dans la classe des rapports communs de Saint-Domingue avec la France, les objets de subsistance que la nécessité forcera d'introduire ; mais les décrets qui seront rendus à cet égard, par l'assemblée générale, seront aussi soumis à la revision, si le gouverneur-général présente des observations sur le contenu auxdits décrets, dans le delai fixé par l'article 3, et seront au surplus observées les formalités prescrites par l'article 5.

Art. VIII.

» Tout acte législatif fait par l'assemblée générale, et exécuté provisoirement dans le cas de nécessité urgente, n'en sera pas moins envoyé sur-le-champ à la sanction royale, et si le Roi refuse son consentement audit acte, l'exécution en sera suspendue, aussitôt que le refus sera légalement manifesté à l'assemblée.

Art. IX.

» Chaque législature sera de deux ans; le renouvellement des membres se fera en totalité.

Art. X.

» L'assemblée générale décrete que les articles ci-dessus, comme fesant partie de la constitution de la partie française de St-Domingue, seront incessamment envoyés en France, pour être présentés à l'acceptation de l'assemblée nationale et du Roi ; seront en outre envoyés à toutes les paroisses et districts de la partie française de Saint-Domingue ; seront, au surplus, lesdits articles notifiés au gouverneur-général ».

Telle était la teneur de ces bases constitutionelles qui furent présentées à l'assemblée nationale au nom de la colonie, et qui, sans examen, ainsi que leurs auteurs, furent frappés de nullité.

Si j'avais aujourd'hui à juger l'assemblée de Saint-Marc, comme on l'a fait, c'est-à-dire les hommes, il est certain que mon sentiment, à leur égard, varierait en raison de la conduite que chacun aurait tenu, en raison de la résignation avec laquelle chacun aurait suporté une injustice, qui frappait encore plus la colonie que l'assemblée ; . . . mais ici il n'est question que des principes, tracés en 1790 pour le bonheur de Saint-Domingue, pour la garantie et la prospérité commerciale de la France, à l'abri du fer et de la flamme ils existent encore dans toute leur intégrité : les attaquer légalement c'eut été les faire triompher : *la tactique ordinaire de l'intrigue et de la jalousie est de proscrire ceux sur qui reposent les gouvernemens et les principes, qui leur portent ombrage, ou ne conviennent point à leurs projets.*

Je pense donc que cet acte, que les bases constitutionelles qu'il renferme, presqu'inconnues, même à la plupart de ceux qui les ont condamnées, peuvent jetter de grandes lumières dans le travail immense que comporte la restauration de Saint-Domingue ; je sais que la différence des temps, que la confiance que doit inspirer aux colonies la nouvelle forme du gouvernement français, peut rendre les moyens d'exécution que cet acte contient, susceptibles de modification; mais les colons de Saint-Domingue osent espérer que Sa Majesté Impériale daignera considérer que dans les colonies, *le mal étant si loin du remède*, il importe à leur sûreté et à la prospérité du commerce qu'aucune autorité ne puisse à l'avenir, sous aucun prétexte, méconnaître les lois de l'empire et contrarier les intentions bienfaisantes de Sa Majesté.

Pour détourner la source des malheurs de Saint-Domingue, j'ai dû élever une barrière entre l'erreur et le crime... Si l'intrigue renonce désormais à les réunir, j'aurai rempli mon but : alors mes obligations cessent envers cette malheureuse colonie.

FIN.

www.ingramcontent.com/pod-product-compliance
Lightning Source LLC
LaVergne TN
LVHW021738080426
835510LV00010B/1283